AF296519

LA
GAZETTE D'UN ECHEVIN

DE SAINT-OMER

DÉPUTÉ DES ÉTATS D'ARTOIS A LA HAYE PENDANT LES
CONFÉRENCES DE GERTRUYDENBERG EN 1710

PAR

L. DE LAUWEREYNS DE ROOSENDAELE

Membre titulaire de la Société des Antiquaires de la Morinie.
Professeur agrégé d'Histoire au Lycée de Saint-Omer.
Officier de l'Instruction publique,
Secrétaire général de la Société de Géographie de Saint-Omer,
Conservateur des Archives municipales de Saint-Omer.

SAINT-OMER

IMPRIMERIE DE FLEURY-LEMAIRE, RUE DE WISSOCQ

—

1882

Extrait du Bulletin historique de la Société des Antiquaires de la
Morinie (120ᵉ livraison, octobre, novembre et décembre 1881).

GAZETTE D'UN ÉCHEVIN

DE SAINT-OMER

DÉPUTÉ DES ÉTATS D'ARTOIS A LA HAYE PENDANT LES CONFÉRENCES
DE GERTRUYDENBERG EN 1710

---

§ I (1)

Généralement lorsqu'on fait l'histoire d'un congrès, ou
d'une conférence pour la paix, on procède ainsi : on lit et
l'on étudie les pièces officielles : procès-verbaux des délibérations, instructions des chefs d'États ou de leurs ministres, correspondances ou mémoires des agents diploma-
tiques, et, cette étude terminée, on fait de tous ces docu-
ments sérieux un exposé plus ou moins impartial, plus ou
moins vrai de tout ce qui s'est dit et fait dans la salle de la
conférence, des intérêts qui y ont été discutés, des droits
réels ou prétendus qui y ont été mis en avant et pesés, des
passions qui s'y sont manifestées ou trahies, du mouve-

(1) Ce mémoire a été lu au dernier Congrès des Sociétés savantes
tenu à Paris. — Les pièces justificatives qui sont au bas de chaque
page sont des extraits d'une volumineuse correspondance du Magistrat de Saint-Omer dont je viens de terminer le classement et
qui embrasse les XVe, XVIe, XVIIe et XVIIIe (jusqu'en 1762) siècles.

L. DE L. DE R.

ment plus ou moins vif des débats, des résolutions enfin plus ou moins importantes qui y ont été prises. Mais, lorsque l'historien nous a édifiés sur ces points capitaux, essentiels, de la question, a-t-il rempli sa tâche ? N'y a-t-il de parties intéressées dans ces sortes d'affaires que les chefs d'États, d'agents de la paix que les plénipotentiaires, de scène animée que la salle des délibérations? Non assurément. Autour du monde officiel, mieux instruit des travaux du congrès, sinon mieux instruit toujours ou plus soucieux de ce qu'il y aurait à faire, il y a le monde des peuples dont les intérêts sont surtout en jeu, qui ne prend point part aux débats et ne s'en montre que plus inquiet, à qui l'on tient tout caché et qui n'en soulève que plus de voiles, et qui, pour n'avoir pas voix au chapitre, n'en fait que plus de bruit au dehors et dicte souvent les résolutions arrêtées par les chefs d'États et signées par les plénipotentiaires ; et, pour que la relation soit complète, il faut que tous ces détails y entrent : il faut qu'on lise sur un côté de la médaille le délire ou la sagesse des rois, sur l'autre la tristesse ou la joie des peuples.

J'ai donc cru qu'il ne saurait être sans intérêt ni sans utilité de donner de la publicité à la correspondance ci-après qui nous montre un petit coin du revers d'une des grandes médailles de l'histoire.

Ce sont onze lettres d'un échevin de Saint-Omer envoyé en Hollande par les États d'Artois pour solliciter une « modération de la contribution de guerre » dont les alliés avaient frappé leur province, et resté à La Haye en 1710 pendant que se discutaient à Gertruydenberg les nouvelles propositions de paix faites par Louis XIV. Cette chronique épistolaire est un petit reflet presque quotidien du jour blafard qui éclaira pendant tout ce temps la France et l'Europe ; c'est un petit écho des bruits tantôt alarmants, tantôt rassurants, qui couraient par la ville de La Haye à chaque incident qu'on voyait se produire au cours de la conférence.

§ II

La chronique de M. Marissal (c'est le nom de notre échevin), s'ouvre le 4 mars 1710 (1), par ces nouvelles :

Les ambassadeurs du roi de France devaient être rendus
à Gertruydenberg ce jour-là ; mais un courrier venu le 2
a annoncé leur arrivée pour le 6. Les conférences seront
tenues dans le plus grand secret. Nul n'y sera admis que
les plénipotentiaires, qui, pour la Hollande, seront le conseiller pensionnaire d'Amsterdam et celui de Tergau. A

(1)   A La Haye, ce 4 mars 1710.
         Messieurs,

J'ay l'honneur de vous mander qu'on parle icy beaucoup de la
paix et qu'une infinité de gens assurent même qu'elle est autant
que faite ; la conférence dont j'ay fait mention dans la lettre que
monsieur Depan doit avoir reçue, et que je crois qu'il vous a fait
voir, se tiendra à Gertrudenbergue, quy est une espèce de bourg
entre Bréda et Dort ; les ambassadeurs de France devoient y arriver aujourd'huy, mais un courrier venu avant-hier a rapporté, à
ce qu'on dit, qu'ils ne pourront y arriver que le six. Il n'y aura de
la part des provinces unies que deux personnes qui y assisteront,
le conseiller pensionnaire d'Amsterdam et celui de Tergau. Nul am-
bassadeur ne s'y trouvera, quoy qu'on dise que ceux de l'empereur
et de la reine d'Angleterre avoient demandé d'en être. Tout cela
fournit une ample matière aux conjectures, et il y en a qui pous-
sent la chose jusqu'au point de dire que la conférence ne se fait
que par cérémonie, et que l'on est déjà d'accord sur les difficultés
principales. D'autres pensent que cette entrevue ne sera d'aucun
succès et que la conférence sera d'abord rompue. On a beau leur
dire que le roi n'envoieroit pas une seconde fois ses ambassadeurs,
s'il ne pensoit pas qu'on pourra s'accorder, ils demeurent opiniâtre-
ment dans leur opinion, et ne veulent pas en démordre.

Je vous laisse le loisir de faire là-dessus vos judicieuses réflexions, et il me tarde que le temps soit venu de vous mander quelque chose de sûr. Il y a beaucoup d'apparence que l'Europe saura
bientôt sa destinée.

J'ay l'honneur d'être avec toute la vénération possible,
         Messieurs,
                 Votre très humble et très obéissant serviteur,
                         MARISSAL.

Magistrat de Saint-Omer.

La Haye on parle beaucoup de la paix, que l'on considère comme faite, ou du moins qui « paraît assurée à une infinité de gens », bien que certaines personnes soient d'avis contraire, estimant que « la conférence sera d'abord rompue », et ne voulant pas « démordre » de cette opinion.

§ III

Mais dès le 14 mars les choses ont changé d'aspect.

La paix, dont la nouvelle serait si agréable aux maire et échevins de Saint-Omer, ne paraît plus aussi assurée. Les deux conseillers pensionnaires d'Amsterdam et de Tergau sont revenus de Gertruydenberg au bout de trois jours. Aussitôt on s'est assemblé chez M. le conseiller Heinsius, et les ambassadeurs de l'empereur et de la reine d'Angleterre ont envoyé des courriers à leurs souverains (1). De

(1)   A La Haye, ce 14 mars 1710.
          Messieurs,
Quelque empressement que j'aye à vous faire part d'une nouvelle quy vous soit agréable, je me vois dans la fâcheuse nécessité de vous mander que la paix est une chose sur laquelle il n'y a encore aucun fond à faire. Messieurs les conseillers pensionnaires d'Amsterdam et de Tergau ne sont partis pour la conférence de Gertrudenbergh que samedy dernier et ils en sont revenus la nuit du mardy au mercredy. L'on s'est d'abord assemblé icy chez monsieur le conseiller Heinsius et messieurs les ambassadeurs de l'empereur et d'Angleterre ont d'abord envoié des courriers à leurs cours. Messieurs d'Uxelles et Polignac en ont aussy envoié au roy et on assure que tout sera suspendu et arrêté jusqu'à ce que ces courriers soient de retour.

Cependant les ambassadeurs de France sont toujours à Gertrudenbergh et ne passeront de là icy que quand on sera d'accord sur la question importante.

Impatient d'avoir l'honneur de vous revoir, je suis avec toute la considération possible,
          Messieurs,
               Votre très-humble et très-obéissant serviteur,
                    MARISSAL.
Magistrat de Saint-Omer.

leur côté les plénipotentiaires du roi en ont dépêché un à Versailles. Tout le monde est dans l'attente.

§ IV

Le 18 mars la paix est si peu assurée qu'elle ne paraît plus guère possible (1).

(1)   A La Haye, ce 18 mars 1710.
       Messieurs,

On assure icy que le roy n'a fait par Mrs d'Uxelles et Polignac aucunes autres propositions que celles qu'il avait faites passé quelque temps. Il s'est engagé comme autrefois à n'assister son petit-fils ny directement ny indirectement, pour sûreté de quoy il offre de donner quatre villes en otages au choix des alliés sauf la ville de Cambray.

Comme l'on s'attendoit icy à toutes autres propositions, la conférence ne dura guères et on déclara crument à messieurs les ambassadeurs de France qu'il n'y avoit point de paix à faire sur ce pied là.

Ils attendent le retour du courrier qu'ils ont envoïé au roy et ils font état qu'il arrivera aujourd'huy ou demain. Ils sont fort mortifiés de la conduite qu'on a tenue à leur égard et l'on pousse même la chose jusqu'au point d'empêcher absolument aucune personne de leur suite de mettre le pied dans la Hollande.

La seule ouverture qu'on trouve icy pour la paix est d'en venir au partage de la monarchie d'Espagne. Les alliés veulent que cette fameuse contestation y soit réglée, et, quy plus est, ils veulent, sans l'ouvrir de leur part, que le roy leur fasse là-dessus des propositions. C'est, dit-on, pour sçavoir ses volontés que le courrier a été dépêché à la cour.

Les choses en estant à ce point, comme je crois effectivement qu'elles le sont, il y a beaucoup à craindre que cette seconde conférence n'ait pas plus de succès que la première et que la guerre ne se continue avec plus de vigueur que jamais.

L'armée du roy de Danemarck composée de seize mille homme a été entièrement défaite par les Suédois en nombre de vingt quatre mille. Cette nouvelle est certaine et je crains que celle que je viens d'avoir l'honneur de vous mander n'ait la même certitude.

J'ay l'honneur d'être avec le même empressement,
      Messieurs,
           Votre très-humble et très-obéissant serviteur,
                MARISSAL.

Magistrat de Saint Omer.

Le roi ne s'engage, dit-on, comme autrefois, qu'à n'assister son petit-fils ni directement ni indirectement. Il offre comme garant quatre de ses villes en otage, au choix des alliés, Cambrai excepté. Les Hollandais s'attendaient à d'autres propositions. Aussi ont-ils déclaré à messieurs les ambassadeurs de France qu'il n'y avait point de paix à faire sur ce pied là. La paix n'est jugée possible à La Haye qu'à une condition : c'est que « la monarchie espagnole soit partagée » et que ce soit le roi de France qui « en propose le partage. Il y a donc beaucoup à craindre que cette seconde conférence n'ait pas plus de succès que la première ». Quelles nouvelles apportera le courrier de Versailles ?

§ V

Le 1er avril l'horizon s'est un peu éclairci (1) :

Le bruit court que le courrier de France est arrivé, et que les deux conseillers pensionnaires de la Hollande, pré-

______

(1)   A La Haye, ce 1er avril 1710.

  Messieurs,

Cette lettre ne vient vous annoncer encore rien de certain. Je n'ay l'honneur de vous écrire que pour adoucir l'impatience où tout le monde dut être de scavoir le succès des négociations. Le courrier de France étant arrivé à Gertrudenbergh, messieurs les plénipotentiaires sont partis aujourd'huy pour s'y rendre. Il y a tout sujet de croire que cette troisième entrevue sera décisive, c'est-à-dire ou que messieurs les plénipotentiaires retourneront, ou qu'ils avanceront vers icy. M. de Pettecum est allé les voir dimanche dernier après en avoir obtenu la permission. Il y est encore actuellement et on croit qu'il y sera pendant tout le temps que durera la conférence.

M. Helvétius, médecin hollandais, établi à Paris, est arrivé icy avant-hier. Il y était encore venu, il y a deux ans, et l'on dit icy en riant qu'il est le troisième plénipotentiaire. Il est de La Haye, et il y a quelques connaissances.

Bien des raisons que je ne puis pas marquer icy, donnent lieu d'espérer que la paix se fera ; mais rien n'est encore certain, et il ne seroit pas conseillable de se réjouir par avance. Il vaut mieux attendre tout du temps, et ce qu'il y a de sûr, c'est que ce temps

venus par une dépêche de nos plénipotentiaires, sont retournés à Gertruydenberg. M. de Petticum s'y est rendu
lui-même « après en avoir obtenu la permission ». On
s'égaie à La Haye d'un petit incident assez piquant :
« M. Helvétius, médecin hollandais établi à Paris, écrit
« M. Marissal, est arrivé avant-hier icy. Il y estoit venu,
« il y a deux ans, et l'on dit en riant qu'il est le troisième
« plénipotentiaire. Il est de La Haye, et il y a quelques
« connaissances ». M. Helvétius pouvait en effet avoir
quelques connaissances, et de bonnes, à La Haye, car on
sait qu'il avait été médecin du prince d'Orange. Il pouvait
bien aussi avoir été envoyé par Louis XIV, dont il était un
pensionnaire comblé d'honneurs. Toutefois sa médiation
n'était pas jugée alors nécessaire, car notre échevin ajoute :
« Pour bien des raisons que je ne puis marquer ici, on
« peut espérer que la paix se fera ».

§ VI

Mais le 3 avril le ciel se couvre de nouveaux nuages (1) :
On avait cru le courrier arrivé, parce qu'il devait être à

paroit prochain. Quand il sera venu, messieurs, je ne manqueray
pas de vous mander à quoy les choses en seront.

J'ai l'honneur d'être très parfaitement,

Messieurs,

Votre très humble et très-obéissant serviteur,

MARISSAL.

Magistrat de Saint-Omer.

(1)   A La Haye, ce 4 avril 1710.

Messieurs,

Plus le temps avance, plus le dénouement des négociations de la
paix semble se reculer ; je commence par rétracter ce que je vous
ay écrit par le dernier ordinaire que messieurs les conseillers pensionnaires étoient partis le même jour pour Gertrudenbergh. Ils
sont icy tout prets à en faire le voiage et toujours dans l'attente de
voir arriver le courrier de France, quy n'a pourtant pas encore paru,
quoy qu'il dût être à Gertrudenbergh dès le 29 du mois dernier. On
l'avait cru arrivé, tout comme on avait cru les conseillers partis. Je

Gertruydenberg le 29 mars. Il est toujours attendu, et ce retard donne beaucoup à penser. Il y a lieu de croire, a dit un homme du ministère, que le roi a dépêché un courrier en Espagne. Il dira ensuite ses résolutions. En attendant, ses plénipotentiaires restent à Gertruydenberg et M. de Petticum est avec eux. En Hollande « on se prépare à la guerre comme si l'on ne parlait pas de paix ».

§ VII

Et le 4, jour où « l'ordinaire » devait emporter la lettre écrite la veille, un postscriptum (1) ne nous montre pas les choses dans un plus beau jour :

me suis pressé à vous le mander parce qu'en différant je perdois un ordinaire, et à peine ma lettre était-elle partie que j'ay été informé du contraire.

Ce retardement donne icy beaucoup à penser et un homme du ministère dit avant-hier à une personne avec quy je loge. qu'il y avait lieu de croire que le roy avoit envoïé un courrier en Espagne et qu'il n'en vouloit pas dépêcher icy que l'autre ne fut revenu avec les dépêches ; quoy qu'il en soit, plusieurs raisonnent sur ce retardement et l'on verra bientôt ce quy en sera.

Cependant, messieurs les plénipotentiaires sont toujours à Gertrudenbergh et M. de Pettecum y est aussy. Les choses ne peuvent pas être longtemps dans cette situation. Le temps de la campagne avance, et il semble que la saison permettra de la faire de bonne heure. La négociation n'en arrête en rien les projets et on se prépare icy à la guerre comme sy on n'y parloit pas de la paix. Voilà, messieurs, tout ce que je puis avoir l'honneur de vous mander en attendant que le temps fournisse autre chose. Il ne me reste qu'à vous prier d'être persuadés que personne n'est avec plus de considération que moy,

Messieurs,

Votre très-humble et très-obéissant serviteur,
MARISSAL.

Magistrat de Saint-Omer.

(1) Cette lettre quoy que datée d'aujourd'huy a été écrite hier. Il y a sy peu de temps entre la réception des lettres et le temps qu'on est obligé de les mettre à la poste qu'il ne faut pas s'étonner, sy je tâche de gagner du temps.

M. de Vandermer, fils du résident des États près de S. A. R. de Savoie, assure que le courrier du roi est arrivé à Gertruydenberg le 3, à deux heures de l'après-midi. Celui des plénipotentiaires français est attendu à La Haye le 4 ou le 5 avec M. de Petticum, le « Mercure de la Paix », si paix il y a, car le devin météréologique de M. Marissal, qui se sent d'humeur à s'égayer au milieu de tant de tristesses, n'annonce rien d'heureux pour ce premier quartier de lune, la montagne (et Gertruydenberg, nous fait remarquer notre échevin, signifie en flamand montagne de Sainte-Gertrude), devant accoucher alors d'une souris. Il est vrai que le « pêcheur fidèle » (c'est le nom du météréologue) est un devin « téméraire et présomptueux ». En somme les nouvelles des 3 et 4 avril sont bonnes aux yeux des maire et échevins de Saint-Omer, car voici ce qu'ils écrivent le 7 avril au député des États :

§ VIII (1)

« Le soin obligeant que vous prenez à nous donner des « nouvelles touchant la paix tant désirée de toute l'Europe

M. de Vandermer, fils du résident des États Généraux près de S. A. R. de Savoie, vient de m'assurer avec plusieurs autres encore, que le courrier tant attendu est arrivé hier à Gertrudenberg, à deux heures après-midy. Messieurs les plénipotentiaires enverront icy le leur aujourd'hui ou demain selon toute apparence, de sorte qu'il y aura probablement bientôt quelque chose de positif à vous mander.

M. de Pettecum est attendu icy aujourd'hui, et comme il est le Mercure de la paix on s'attend qu'il ne viendra pas sans être porteur de quelque chose d'important.

Gertrudenberg en flamand signifie la montagne de Sainte Gertrude. Mon pêcheur fidèle dit, dans le premier quartier de cette lune, que la montagne en travail accouche d'une souris. Plût à Dieu que ce pêcheur téméraire et présomptueux n'ait pas deviné que toute espérance de paix doive se terminer à rien.

Adoucissez pour un temps, messieurs, votre juste impatience et vous saurez bientôt à quoy on en sera.

Magistrat de Saint Omer.

(1) Copie jointe à la lettre de M. Marissal.

« et particulièrement de notre province, ne nous permet
« point de demeurer plus longtemps dans le silence sans
« vous en tesmoigner nostre recognoissance et vous re-
« mercier de toutes les peines que vous prenez à cet
« égard. Il y a bien de l'apparence que sy messieurs les
« plénipotentiaires passent jusques à La Haye, leur voyage
« ne sera point inutile. Nous souhaiterions tous de les y
« voir desjà arrivés, et l'espoir que vous nous donnez qu'il
« y a lieu de croire que la paix se pourroit bien conclure et
« mesme en bref sy elle se fait, nous donne d'autant plus
« de joie que nous nous en croyions encore fort éloignés.
« Ces nouvelles nous sont sy agréables que vous ne sçau-
« riez rien nous dire de plus consolant. C'est pourquoi
« nous prenons la liberté de vous prier de vouloir bien
« nous en faire part dès le moment que vous en appren-
« drez quelque chose. Ce sera un surcroît d'obligation que
« vous auront ceux qui sont parfaitement, etc. »

§ IX

Le 11, M. Marissal a appris quelque chose, et il se hâte
d'en faire part au magistrat de sa ville (1), mais ce n'est
pas la conclusion de la paix qu'il lui annonce :

(1)   A La Haye, ce 11 avril 1710.
     Messieurs,

J'ay reçu aujourd'huy la lettre que vous m'avez fait l'honneur de
m'écrire le 7 de ce mois. Vous ne sçauriez me faire plus de plaisir,
messieurs, que de me marquer, comme vous faites, que les lettres
que j'ay eu l'honneur de vous écrire touchant les nouvelles qui se
disoient icy, ne vous ont pas été désagréables Je suivroy le plan
que je me suis formé et j'auroy une attention particulière à vous
faire part de ce quy pourra être digne de vous être mandé.

Il seroit à souhaiter, messieurs, que les plénipotentiaires se ren-
dissent à La Haye ; un voyage comme celuy-là seroit d'un heureux
présage pour les peuples, et ils sentiroient déjà par avance un grand
adoucissement aux maux qui les accablent.

Nous n'en sommes pourtant pas encore là et peut-être en sommes nous encore infiniment éloignés. Tel a cru toucher au port qui

Les commissaires Hollandais, revenus de Gertruydenberg la veille à une heure après-midi, gardent un silence
effrayant, ne parlant que par énigmes. Ceux qui les ques-
tionnent, n'en savent pas plus après qu'avant. Jamais
affaire n'a été conduite avec tant de secret. C'est même « un
puits si profond qu'on n'ose entreprendre de le sonder ».
Là-dessus notre échevin, quelque peu lettré, de soupirer
sur un ton moitié élégiaque, moitié oratoire : « Tel a cru
toucher au port qui s'est vu la victime d'un triste naufrage ». Cependant tout espoir n'est pas perdu. Nos plénipotentiaires ont dépêché un nouveau courrier à Versailles.
On attend son retour, comme à La Haye on attend le prince
Eugène, qu'il tarde à « Mylord duc » de voir arriver. Ces

s'est vu la victime d'un triste naufrage, et l'espérance d'une paix
prochaine dégénère souvent dans une guerre plus vive que celle
dont on espéroit pouvoir être délivré.

Quelque impatience que tout le monde sentit que la troisième
conférence prit fin, pour en sçavoir le résultat, tout est encore aujourd'huy dans un état fort incertain. L'affaire de la négociation
semble être une nuit impénétrable : jamais les choses n'ont été con-
duites avec tant de secret, et le puits est sy profond que personne
n'ose entreprendre de le sonder. Messieurs les commissaires sont
arrivés icy hier à une heure après-midy ; ils se sont aujourd'huy
promenés à la cour ; ils ne parlent que par énigmes et ceux qui leur
ont parlé n'avoient pas en les quittant plus d'éclaircissement que
quand ils les joignoient.

Cependant messieurs les plénipotentiaires sont toujours à Gertrudenbergh, et ils ont encore dépêché un courrier au roy. Si l'espérance se soutient d'un côté, il semble qu'elle se perde de l'autre.
Que dire, que penser dans ces circonstances, messieurs ? Il y a tout
à craindre d'un côté, et il semble pourtant qu'il ne faut pas déses-
pérer. Le nœud se dénouera, et il n'est pas possible que les choses
demeurent longtemps dans une si fâcheuse incertitude.

S. A. le prince Eugène est attendu icy ce soir ou demain, et il
tarde à mylord duc de le voir arriver.

J'ay l'honneur d'être très-parfaitement,

    Messieurs,

        Votre très-humble et très-obéissant serviteur,
                MARISSAL,

Magistrat de Saint-Omer.

deux généraux et le roi de France ont en leurs mains les destinées de l'Europe.

§ X

Le 2 mai les nouvelles sont bien moins favorables encore (1) :

(1)
                                       A La Haye, ce 2 may 1710.
    Messieurs,

Ne soiez pas étonnés de ce que j'ay été sy longtemps sans avoir l'honneur de vous écrire ; il ne s'est rien passé icy qui méritât de vous être mandé. Vous n'avez que trop pressenti que les conférences de Gertruydenbergh n'auroient pas le succès que bien des gens en attendoient et tout le monde assure aujourd'huy qu'il n'y a plus rien à en espérer Messieurs les plénipotentiaires y sont encore, mais le courrier qu'ils ont dépêché à la cour n'y est envoïé, dit on, que pour apporter les ordres pour leur retour L'on s'étonne bien moins icy de ce que les conférences sont devenues infructueuses que de ce qu'elles ont duré sy longtemps. Un comte allemand quy mange souvent chez M. Zinzerdorf nous dit hier que M. Vanderdusse quy y mangeoit aussy, avoit dit à table que messieurs les plénipotentiaires luy avoient dit et à son collègue que les alliés entreroient dans les lignes, qu'ils prendroient Douay, et qu'après cela ils assiègeroient Arras, mais que c'était là où on les attendoit et qu'il faudroit se battre. On dit icy hautement qu'après Douay, ce sera Arras, mais ces sortes de choses ne sont pas du nombre de celles sur lesquelles on puisse absolument faire fond.

Nous sommes heureux de ce que notre canton ne semble pas menacé de l'orage ; les nouvelles qu'on nous écrit des États sont les plus sensibles qu'on puisse jamais entendre. La licence du soldat a été poussée à des excès inouïs. Toute la régence d'icy a écrit aux généraux dans les termes les plus forts pour en faire arrêter le cours. Peut être les troupes tiendront-elles meilleur ordre ; mais le malheur est que les maux quy sont faits, sont sans remède et que le canton où la grêle est tombée se voit abymé sans ressource.

(Suivent de longs détails, fort intéressants, mais étrangers à la question traitée ici, sur la mission particulière de M. Marissal au sujet de la contribution de guerre).

J'ay l'honneur d'être avec un zèle plein de vénération,
    Messieurs,
        Votre très-humble et très obéissant serviteur,
            MARISSAL.

Magistrat de Saint-Omer.

Tout le monde assure que le courrier envoyé à Versailles est allé prendre les lettres de rappel de nos plénipotentiaires, et ce résultat ne surprend personne. Si quelque chose étonne, c'est que les conférences aient duré si longtemps. Aussi les troupes alliées, ont dit messieurs d'Uxelles et de Polignac à M. Vanderdusse qui l'a dit à un comte allemand de qui M. Marissal tient la nouvelle, sont-elles près d' « entrer dans les lignes » pour prendre d'abord Douai, pour assiéger ensuite Arras, de sorte que notre échevin n'a plus pour se consoler et consoler le magistrat de sa ville que la satisfaction de penser que « l'orage ne menace pas notre canton ». C'est déjà un bien, car « la licence des soldats, écrit-on d'Arras, est poussée à des excès » inouïs. C'est une « grêle », qui « abîme tout sans ressource » là où elle tombe.

§ XI

Le 13 mai les nouvelles sont tout à fait mauvaises (1) : En France on se croit à la veille de la paix, et on l'a

(1)   A La Haye, ce 13 may 1710.

Messieurs,

Nous apprenons par des lettres que nous avons reçues aujourd'huy de Paris, Cambray et Arras que le bruit commun est que nous sommes à la veille de la paix ; sy ce bruit s'est répandu jusqu'à Saint-Omer et s'il est vray qu'il y a fait quelque impression, la lettre que j'ay l'honneur de vous écrire vient malheureusement vous annoncer tout le contraire. Nous en sommes éloignés plus que jamais et on assure icy que les conférences sont rompues sans qu'il y ait lieu d'espérer d'en voir le renouement. Ce qu'il y a de vray, c'est que les deux commissaires quy s'étoient rendus icy pour y recevoir leurs ordres, ne sont point partis pour Gertruydenbergh, quoy que tout le monde s'attendit qu'ils en fissent le voïage pour la cinquième fois. Il s'est tenu une assemblée chez M. Heinsius avec M. de Zinzerdorf et mylord Townsend, à laquelle se trouvèrent aussy les deux commissaires, et il y a été résolu que messieurs les commissaires ne retourneroient pas à Gertruydenbergh. Aussi sont-ils retournés chacun dans leur ville, c'est-à-dire l'un à Amsterdam et l'autre à Tergau.

écrit aux députés des États d'Artois, d'Arras, de Cambrai et de Paris ; mais à La Haye on assure que les conférences sont rompues « sans qu'il y ait lieu d'en espérer le renouement ». Une chose est certaine, c'est que les commissaires hollandais, après une assemblée tenue chez M. Heinsius, à laquelle assistaient avec eux M. de Zinzerdorf et mylord Tonwsend, sont retournés chacun dans leur ville.

Messieurs les plénipotentiaires avoient dépéché un courrier icy. On s'est contenté de dire de vive voix à M. de Pettecum quelle était la résolution qu'on avoit prise, et il a mandé le tout aux plénipotentiaires par une dépèche qu'il leur a envoïée sans s'y être rendu luy-même.

La lettre de messieurs les plénipotentiaires n'est pas publique et l'on peut même dire qu'elle est aussy secrète que toutes les autres quy ont donné le mouvement aux conférences. Je puis cependant vous dire d'en avoir ouy la lecture de mot à mot sur les tablettes d'une personne quy fait icy un rôle de distinction. En voici à peu près la substance. sy la mémoire ne me trompe pas :

« Nous souhaitons toujours, etc. » (Voir aux textes de cette page et de la précédente).

Il y a sept ou huit jours que cette lettre a été écrite et cependant messieurs les plénipotentiaires, quy en ont reçu la réponse ne sont pas encore partis. On ne leur dit ny de partir ny de demeurer. Ils sont là, dit-on, sans conséquence et Gertruydenbergh peut être considéré comme une sorte de prison, puisqu'on ne peut pas leur parler, que M. de Saint-Maurice quy y commande, n'en ait accordé la permission.

Cette lettre est du nombre de celles dont il n'est peut-être pas à propos d'instruire le public dans toute son étendue Je laisse à vos soins, messieurs, d'en user comme vous le jugerez à propos. Je voudrois pouvoir vous mander des nouvelles qui vous fissent plus de plaisir.

J'ay l'honneur d'être très parfaitement,

Messieurs,

Votre très-humble et très-obéissant serviteur,
MARISSAL.

P. S. — Les plénipotentiaires ont fait sçavoir à M. de Pettecum qu'ils partent aujourd'huy. Ils arriveront ce soir à Bréda et coucheront demain à Anvers.

Magistrat de Saint-Omer.

Dans cette assemblée a été lue une lettre des plénipotentiaires français, écrite le 5 ou le 6 mai, secrète comme « toutes les autres qui ont donné le mouvement aux conférences, mais que notre échevin est parvenu à se faire lire mot à mot par une personne qu'il ne nomme pas : « Nous souhaitons, y disaient en substance messieurs « d'Uxelles et Polignac, nous souhaitons toujours la paix « avec le même empressement et le roy persiste dans les « propositions qu'il a faites sans que nous ayons ordre « d'en faire de nouvelles. Nous attendrons icy patiemment « que messieurs les commissaires nous viennent rejoindre « ou que monsieur le Conseiller pensionnaire nous mande « ce qui aura été résolu, afin que nous puissions prendre « nos mesures sur le retour ». Pour toute réponse on s'est contenté de dire de vive voix à M. de Petticum la résolution prise par les Etats-Généraux, résolution que M. de Petticum a mandée aussitôt à nos plénipotentiaires par une dépêche et dont le public ne sait rien, sinon que l'on n'a dit à messieurs d'Uxelles et de Polignac ni de partir ni de rester. Ils sont restés. Seulement Gertruydenberg est pour eux « une sorte de prison ». On ne peut leur parler qu'avec la permission de M. de Saint-Maurice qui commande là. Ils ont fait savoir du reste qu'ils doivent partir le 13 pour arriver le soir de ce jour à Bréda et coucher le lendemain à Anvers.

§ XII

Le 16 mai il n'y a plus de paix à espérer (1) :

Les plénipotentiaires du roi sont toujours à Gertruyden-

(1)   A La Haye, ce 16 may 1710.
        Messieurs.

Quoy que messieurs les plénipotentiaires ayent écrit à M. de Pettecum qu'ils devoient partir de Gertruydenberg mardy dernier, l'évènement n'a pas justifié ce qu'ils luy avoient annoncé. Ils y sont encore actuellement. On l'a sçu aujourd'huy par un homme quy est

berg. On l'a su par un « homme » qu'ils ont envoyé la veille à La Haye acheter leur provision ordinaire. Mais ç'a été une grande surprise que l'arrivée de cet homme. On y croyait si peu que « tout le monde est allé à l'endroit où il loge » pour s'assurer si la nouvelle était vraie. Plusieurs ambassadeurs y ont envoyé leurs gens pour le même motif. Au moins le départ prochain de MM. d'Uxelles et de Polignac n'est pas douteux. Eux-mêmes l'ont annoncé pour le 17, à en juger par une lettre du secrétaire de M. d'Uxelles au libraire Moetjens, ce qui ne doit pas étonner après

arrivé icy hier soir pour leur acheter la provision ordinaire. Tout le monde est allé dans l'endroit où il loge pour en être informé, et plusieurs ambassadeurs quy les croïoient partis y ont aussy envoïé quelqu'un de leur part.

Il faut s'arrêter à une lettre que le secrétaire de M. d'Uxelles a écrite à un fameux libraire d'icy, nommé Moetjens. Ils doivent partir demain. Ce secrétaire luy mande de luy faire tenir quelques livres en dedans aujourd'huy le soir, sinon qu'il n'en prenne point la peine, parce que, dit-il, on fait état de partir le jour suivant, c'est-à-dire demain.

Il y a déjà quelque temps que quelqu'un de leurs gens avoit écrit de la même manière à une marchande d'étoffes, nommée Saint-Martin, sans que leur retour s'en soit ensuivy et l'on me dit aujourd'huy au dîner que selon toutes les apparences ils demeureroient encore à Gertruydenbergh. Je vous laisse le soin, messieurs, de faire sur cela telles réflexions que vous jugerez à propos.

On assure icy que messieurs les commissaires ne se rendront plus à Gertruydenbergh, quelque chose qu'on puisse mander aux États, à moins que messieurs les plénipotentiaires ne mandent qu'ils ont des ordres exprès du roy de signer les préliminaires sur le pied et de la manière qu'on veut icy qu'ils soient signés. Je ne sçay si la prospérité dont les alliés jouissent depuis quelques temps les fait parler sur ce ton.

Pour le surplus, je m'en remets à ce que j'ay eu l'honneur de vous écrire par ma lettre du 13.

J'ay l'honneur d'être très-parfaitement,

    Messieurs,

        Votre très-humble et très-obéissant serviteur,

          MARISSAL.

Magistrat de Saint-Omer.

tout, « Messieurs les commissaires hollandais, assure-t-on,
« ne devant plus se rendre à Gertruydenberg, à moins que
« messieurs les plénipotentiaires ne mandent qu'ils ont des
« ordres exprès du roi pour signer les préliminaires sur le
« pied et la manière qu'on veut » à La Haye ; et notre
échevin de faire cette réflexion, que nos ennemis ont dû
trouver naïve, mais que nous avons le droit de trouver
naturelle : « Je ne sçay si la prospérité dont les alliés
« jouissent depuis quelque temps les fait parler sur ce
« ton ».

§ XIII

Le 23 mai cependant les cœurs sont rouverts à la joie (1).
Il semble qu'on voie renaître l'espérance de la paix. On

(1)   A La Haye, ce 25 may 1710.
  Messieurs,
Toute espérance de paix n'est pas tellement évanouie qu'il n'en
faille plus rien espérer. Il semble qu'on la voie renaître, et l'on
commence à espérer tout de bon. Quelque éloigné qu'on parût icy
de renvoïer les commissaires à Gertruydenbergh, on vient de résoudre qu'ils y retourneront. J'ay vu arriver hier à midy M. de
Vanderdusse et il est party ce matin pour s'y rendre. Son collègue
ne peut pas y aller parce que, dit-on, il est occupé à une commis-
sion importante et quy ne peut pas souffrir de retardement. M. de
Pettecum s'est donné ces jours passés beaucoup de mouvemens près
des ambassadeurs et des ministres quy sont icy. Tout le monde est
attentif plus que jamais à voir quel sera le bruit d'une négociation
qu'on regarde comme décisive, soit pour entrer sérieusement en matière, soit pour rompre absolument.
Une personne de distinction qui est arrivée icy avec le prince de
Montbelliard et quy a passé avec luy par Gertruydenbergh, nous a
assuré hier que M. de Polignac luy avoit dit que le roy le chargeoit
de faire des propositions plus que raisonnables et que pour le coup
il ne croioit pas que les alliés ne voulussent pas s'y rendre.
Dieu quy calme les tempêtes et les orages, souvent dans le moment qu'il les fait naître, a peut-être résolu de mettre fin promptement à une guerre quy n'a déjà que trop longtemps affligé les
peuples.
Je fais état de partir le 28 de ce mois et sy en dedans le 27 quy

vient de résoudre que les commissaires hollandais retourneront à Gertruydenberg. L'un d'eux, M. Vanderdusse, est
déjà parti, et M. de Polignac a dit à une personne de distinction qui a passé par Gertruydenberg avec le prince de
Montbelliard que « le roi le chargeait de faire des proposi-
« tions plus que raisonnables et que pour le coup il ne
« croyait pas que les alliés ne voulussent pas s'y rendre ».
Là-dessus l'échevin lettré de s'écrier sur un ton moitié
oratoire, moitié lyrique cette fois : « Dieu, qui calme les
« tempêtes et les orages souvent dans le moment qui les
« fait naître, a peut-être résolu de mettre fin promptement
« à une guerre qui n'a déjà que trop longtemps affligé les
« peuples ».

§ XIV

Mais quelques jours plus tard M. Marissal quittait La
Haye pour retourner à Arras annoncer verbalement l'in-
succès de sa députation, et l'on sait qu'il ne tarda pas à
apprendre, là ou à Saint-Omer, la rupture des conférences
dont il s'était fait pendant près de trois mois sinon un historien, du moins un gazetier très-curieux, très-attentif,
prompt à s'informer aux bonnes sources, et dont la relation, intéressante toujours, éclaire parfois d'un jour pré-
cieux une des scènes émouvantes de notre histoire na-
tionale.

sera notre dernière poste je puis apprendre quelque chose qui mé-
rite d'être mandé, je ne manqueray pas de vous en faire part.

J'ay l'honneur d'être très-parfaitement,

    Messieurs,

      Votre très-humble et très-obéissant serviteur,

        MARISSAL.

Magistrat de Saint-Omer.